Der Schleier der Pierrette

Pantomime in drei Bildern

Arthur Schnitzler

Alpha Editions

This edition published in 2022

ISBN : 9789356781290

Design and Setting By
Alpha Editions
www.alphaedis.com
Email - info@alphaedis.com

I. Bild.

Das Zimmer Pierrots. Bescheiden eingerichtet. Schreibtisch ungefähr Mitte, mehr rechts. Davor Lehnsessel. Hinten rechts Divan. Weiter vorn an der Wand ein Spinett mit Leuchtern. Noch weiter vorn eine Etagère, darüber Bilder. Auf der Etagère Bücher. Ganz vorn rechts die Eingangstür. Vorne links ein Wandspiegel, darunter eine Kommode, darauf zwei Leuchter und eine kleine, leere Blumenvase. Links hinten ein Schrank. Vorne Tischchen, Divan mit Lehne und zwei Sessel. Vorne mehr rechts das Bild Pierrettens auf einer Staffelei.

Im Hintergrund erkerartiger Ausbau mit großem Fenster. Ausblick auf die Basteien und auf die Türme der Stadt. Nahe der Türe Kleiderhaken mit Mantel und Hut Pierrots. Abenddämmerung.

Erste Szene.

Pierrot (Kostüm: ein Gemisch des traditionellen Pierrot- und des Altwiener Kostüms) sitzt vor dem Schreibtisch, den Kopf in beide Hände gestützt. Steht auf und geht im Zimmer auf und ab. Bleibt vor der Staffelei stehen. Fleht das Bild Pierrettens an, droht dem Bilde, entfernt sich grollend, kehrt zurück, sinkt vor dem Bilde nieder und schluchzt. Steht auf, geht zum Schreibtische, öffnet eine Lade, entnimmt ihr vertrocknete Blumen, Briefe, Bänder, streut alles auf die Tischplatte, wühlt in den Andenken.

Geht zum Fenster, öffnet es, bleibt eine Weile dort stehen. Sinkt auf den Divan rechts vom Fenster und bleibt der Länge nach ausgestreckt liegen.

Zweite Szene.

Es ist beinahe ganz dunkel geworden. Die Tür rechts öffnet sich, vom Vorzimmer fällt ein ziemlich breiter Lichtschein über den Fußboden hin.

Der Diener erscheint an der Tür. Durch eine Handbewegung lädt er die Freunde und Freundinnen Pierrots ein einzutreten.

Fred, Florestan, Annette und Alumette treten ein.

Hinter ihnen ein kleiner, dicker Klavierspieler.

Fred, Florestan fragen den Diener, wo sein Herr sei.

Annette, Alumette, sehen sich neugierig im Zimmer um.

Der Diener weist auf den Stuhl vor dem Schreibtische.

Hier ist mein Herr gesessen.[1]

Fred, Florestan.

Du siehst ja, daß er nicht da ist. Bring doch ein Licht.

Der Diener holt einen Leuchter mit angezündeter Kerze aus dem Vorzimmer, geht zum Schreibtische hin.

Fred, Florestan folgen ihm.

Alumette löscht die Kerze aus.

Florestan verweist es ihr.

Diener zündet wieder an.

Diener vor dem Schreibtische.

Hier ist er doch gesessen.

Alle fünf, der Diener mit dem Leuchter voraus, machen einen Rundgang durch das Zimmer, kommen zuletzt zum Divan, auf dem sie Pierrot entdecken.

Fred.

Ich will ihn rütteln.

Florestan hält ihn zurück, zum Diener.

Was ist denn mit deinem Herrn geschehen?

Diener zuckt die Achseln.

Fred kommt auf einen Gedanken, macht Florestan auf die Staffelei mit Pierrettens Bild aufmerksam.

Florestan versteht.

Annette, Alumette stehen vor dem Divan und sind von Pierrot entzückt.

Fred, Florestan haben ein zweites Licht angezündet und stehen vor dem Bild Pierrettens.

Alumette zu Annette.

Ich werde Pierrot aufwecken.

Sie will ihn an den Haaren zupfen.

Annette hält sie zurück.

Alumette beugt sich nieder und will Pierrot küssen.

Annette hält sie zurück.

Fred, Florestan treten von dem Bilde fort zu den zwei Mädchen.

Fred gibt dem dicken Klavierspieler ein Zeichen, er möge sich hinsetzen und spielen.

Der dicke Klavierspieler ist bisher an der Tür gestanden, lächelnd und zerstreut.

Pierrot liegt noch immer bewegungslos.

Fred, Florestan schicken den Diener hinaus.

Diener ab.

---

1. Auch was im Text dialogartig gebracht ist, wird selbstverständlich nur pantomimisch ausgedrückt.

Dritte Szene.

Der dicke Klavierspieler hat sich an das Spinett gesetzt und beginnt einen Walzer zu spielen.

Florestan, Alumette und Fred, Annette tanzen miteinander.

Pierrot wacht auf. Sieht um sich. Versteht nicht, was vorgegangen ist, reibt sich die Augen. Springt auf, geht nach vorne.

Die beiden Paare lassen sich nicht im Tanzen stören.

Florestan und Alumette sinken endlich auf den kleinen Divan links am Tischchen.

Fred und Annette bleiben neben dem Spinett stehen.

Pierrot ist an den Schreibtisch gelehnt.

Fred, Florestan, Annette, Alumette sehen ihn an und lachen. Gehen auf ihn zu, als Paare, verbeugen sich.

Fred, Florestan stellen ihre Damen vor.

Annette, Alumette knixen zierlich.

Pierrot verbeugt sich tief.

Fred.

Wir haben dich ja in einem netten Zustand gefunden. Was ist denn mit dir geschehen?

Pierrot.

Fragt mich nicht.

Florestan herzlich.

Sag uns doch, was es gibt, vielleicht können wir dir helfen.

Pierrot.

Laßt nur, mir ist nicht zu helfen.

Fred.

Ich kann mir ja denken, es handelt sich um Pierrette.

Pierrot.

Laßt mich doch.

Annette, Alumette eilen zu dem Bild hin, als wollten sie es von der Staffelei entfernen.

Pierrot ihnen nach, auf sie zu, beschützt das Bild. Steht mit ausgebreiteten Armen davor.

Fred.

Er ist närrisch. Mit ihm ist nichts anzufangen.

Florestan ergreift Pierrots Hände, entfernt ihn langsam von dem Bilde, geleitet ihn dem Schreibtisch zu.

Fred.

Schlag dir die Sache aus dem Kopf, Pierrot, es ist nicht der Mühe wert, sich um Pierrette zu kümmern. Komm mit uns.

Florestan.

Ja, komm mit uns.

Annette, Alumette drängen sich an Pierrot.

Komm mit uns.

Pierrot, mit einer Gebärde des Widerwillens, befreit sich von den andern. Setzt sich in den Stuhl am Schreibtisch.

Fred, Florestan reden ihm weiter zu.

Komm mit uns. Wir wollen uns unterhalten. Der Abend ist schön. Wir wollen ins Freie. Wollen trinken, tanzen, küssen.

Pierrot bleibt sitzen und schüttelt den Kopf.

Fred, Florestan werden dringender.

Annette, Alumette gesellen sich bittend und schmeichelnd hinzu.

Fred, Florestan, Annette, Alumette schließen einen Reigen um Pierrot, umtanzen ihn.

Der dicke Klavierspieler begleitet auf dem Spinett.

Pierrot erhebt sich. Ärgerlich:

Laßt mich in Ruhe. Ich ertrag es nicht länger. Ich kann das Spiel nicht hören. Geht.

Eilt zum Spinett, schlägt es heftig zu. Geht nach rückwärts zum Fenster hin.

Der dicke Klavierspieler ist zusammengefahren.

Fred, Annette, Florestan, Alumette sehen einander an, fragend, bedenklich, ärgerlich.

Florestan.

Lassen wir ihn.

Fred.

Hol ihn der Teufel.

Annette, Alumette.

Wie schade.

Pierrot.

Steht mit gekreuzten Armen am Fenster.

Die beiden Paare verbeugen sich ironisch vor ihm und verlassen tanzend das Zimmer.

Der dicke Klavierspieler folgt ihnen.

Vierte Szene.

Pierrot am Fenster, blickt teilnahmslos hinaus.

Diener tritt ein.

Pierrot bemerkt ihn nicht gleich.

Diener tritt näher.

Pierrot, ihm ein paar Schritte entgegen.

Was willst du?

Diener.

Gnädiger Herr, ich möchte um Ausgang bitten.

Pierrot.

Warum?

Diener.

Ich bin verliebt und sehne mich danach mit meiner Angebeteten beisammen zu sein.

Pierrot wendet sich widerwillig ab.

Diener bleibt stehen und wartet vergeblich auf Antwort.

Nähert sich abermals bittend dem Pierrot.

Pierrot wendet sich wieder zu ihm.

Geh wohin du willst.

Diener bedankt sich mit Emphase.

Pierrot ungeduldig.

Geh nur, geh nur endlich.

Fünfte Szene.

Pierrot allein. Zum Schreibtisch. Wirft die Blumen und Briefe zu Boden.

Geht auf und ab. Nimmt Mantel und Hut vom Haken.

Ich will fort, wohin immer. Ins Freie, in die Einsamkeit – – vielleicht in den Tod.

Zum Fenster. Sieht hinab. Plötzlich wird er aufmerksam. Beugt sich weit über die Brüstung. Fährt zurück.

Ist es möglich? Nein, ich träume.

Beugt sich wieder hinaus und verfolgt offenbar eine Gestalt, die sich unter seinem Fenster an der Mauer des Hauses hinbewegt. Er beugt sich noch weiter hinaus. Die Gestalt scheint ins Haustor getreten zu sein und ist seinen Blicken entschwunden.

Er tritt vom Fenster zurück in die Mitte des Zimmers in zweifelndem Erstaunen. Er horcht. Kein Zweifel mehr, Schritte auf der Treppe. Er stürzt ins Vorzimmer und verschwindet.

Sechste Szene.

Pierrot noch im Mantel, doch ohne Hut, kommt mit Pierrette, die er an beiden Händen gefaßt hält, ins Zimmer, höchstes Erstaunen in den Zügen.

Pierrette (Altwiener Brautkleid mit Nuancen des Pierrettekostüms. Myrtenkranz. Schleier um Haupt und Schultern), steht wie gelähmt da, betrachtet Pierrot mit einem selig verstörten Blick.

Pierrot.

Träum ich, wach ich? Bist du's? Bin ich's? Wie ist es denn nur möglich, daß du da bist?

Pierrette bewegt leise den Kopf.

Laß mich nur zur Besinnung kommen. Ja, ich bin hier. Bei dir.

Sie beginnt zu schwanken.

Pierrot hält sie in den Armen aufrecht, geleitet sie zu einem Sessel hin, links vorne neben dem Tischchen.

Pierrette sinkt in den Sessel.

Pierrot sinkt vor Pierrette in die Knie, bedeckt ihre Hände mit Küssen.

Nun ist alles wieder gut, da ich dich nur habe. Aber erkläre mir doch endlich ...

Pierrette sieht ihn mit stummen Augen an.

Pierrot erhebt sich, schleudert den Mantel weg.

So rede. Ich beschwöre dich. Woher kommst du? Ich verstehe ja nichts von allem.

Pierrette schweigt. Sieht angstvoll zum Fenster, als hätte sie ein Geräusch gehört.

Pierrot beruhigt sie, eilt zum Fenster, blickt hinab, schließt es.

Eilt zur Türe, blickt ins Vorzimmer, schließt ab. Eilt wieder zu Pierrette zurück.

Pierrette hat sich erhoben und breitet Pierrot die Arme entgegen.

Pierrot weicht vor ihr zurück, weist auf ihren Myrtenkranz, auf ihren Schleier.

Erkläre mir. Sprich endlich.

Pierrette öffnet ihre Arme.

Komm.

Der Schleier gleitet ihr von den Schultern herab und bleibt vorne liegen.

Pierrot.

Nein, mir graut. Woher kommst du?

Pierrette.

Was kümmert dich das jetzt? Ich bin ja bei dir.

Pierrot weist durch das Fenster hinaus.

Aber was ist indessen mit dir geschehen da draußen in der Welt?

Pierrette.

Frage nicht. Das ist vorbei, ich bin jetzt bei dir und bleibe bei dir.

Sie zieht aus ihrem Gürtel eine kleine Silberphiole.

Sieh was ich mitgebracht habe.

Pierrot.

Was ist das?

Pierrette.

Das ist Gift. Wir wollen miteinander sterben.

Pierrot nimmt ihr die Phiole aus der Hand.

Wie, das sollen wir trinken?

Pierrette.

Ja.

Pierrot.

Warum sollen wir sterben? Komm, laß uns lieber fliehen.

Pierrette schüttelt den Kopf.

Pierrot führt sie zum Fenster hin.

Sieh doch, wie schön die Welt ist. All dies ist unser. Komm, laß uns fliehen.

Pierrette.

Fliehen? Nein! Wohin? Was sollen wir tun? Wir haben kein Geld. Es geht nicht anders, wir müssen sterben.

Pierrot schüttelt den Kopf.

Pierrette.

Wenn du nicht willst, so laß ich dich hier und werde wieder fortgehen. Leb wohl.

Sie wendet sich zu gehen.

Pierrot.

Bleib, bleib.

Pierrette.

Wozu?

Pierrot.

Es sei ... Wir werden dieses Gift trinken und werden zusammen sterben.

Er umfaßt sie und geht mit ihr zum Divan links.

Pierrot und Pierrette lassen sich nieder.

Pierrot umarmt Pierrette heiß.

Pierrot erhebt sich plötzlich.

Pierrette bleibt sitzen und sieht Pierrot mit großen Augen an.

Pierrot geht zum Schranke links hinten, öffnet ihn, nimmt zwei Flaschen Wein und einige Gläser heraus.

Bringt alles nach vorne und stellt es auf den Tisch.

Pierrette steht gleichfalls auf, geht zum Schranke, nimmt Backwerk, Früchte, Tischtuch, Teller, Eßzeug heraus. Sie deckt rasch den Tisch.

Pierrot hilft ihr.

Beide bewegen sich mit forcierter Lustigkeit.

Pierrette nimmt Blumen aus ihrem Gürtel, eilt zur Kommode, steckt die Blumen in die kleine Vase und bringt die Vase mit den Blumen auf den Tisch.

Pierrot und Pierrette hüpfen Arm in Arm durch das Zimmer, beleuchten es festlich. Zünden die Kerzen auf dem Schreibtische, auf der Kommode, auf dem Spinett an.

Pierrot reicht Pierrette mit scherzhafter Würde den Arm und geleitet sie zur Tafel.

Beide nehmen auf dem Divan Platz, trinken und essen.

Pierrot rückt näher an Pierrette heran.

Pierrette schmiegt sich an Pierrot.

Lang dauernde Umarmung.

Pierrot erhebt sich plötzlich.

Es ist Zeit –

Pierrette schaudert zusammen.

Pierrot nimmt die Phiole und gießt in jedes von den beiden noch halb gefüllten Weingläsern die Hälfte.

Er erhebt das Glas, fordert Pierrette auf anzustoßen.

Pierrot und Pierrette stoßen miteinander an.

Pierrette setzt das Glas nieder.

Pierrot ebenso.

Pierrette geht langsam nach rückwärts.

Pierrot folgt ihr.

In der Nähe des Fensters umschlingen beide einander noch einmal.

Beide umschlungen, langsam zurück zum Tischchen.

Pierrot.

Bist du bereit?

Pierrette.

Ja.

Pierrot nimmt das Glas.

Pierrette zögert.

Pierrot lächelt verächtlich.

Du hast ja doch nicht den Mut. Siehst du, ich dacht es.

Pierrette.

O Pierrot, glaub das nicht. Ich habe Mut. Nur einen Kuß noch, dann bin ich bereit.

Beide umarmen einander glühend.

Beide setzen die Gläser an die Lippen und sehen einander lang in die Augen.

Beide neigen den Kopf nach rückwärts.

Pierrot trinkt das Glas auf einen Zug aus.

Pierrette hat keinen Tropfen über die Lippen gebracht.

Pierrot sieht es, taumelt entsetzt zurück.

Pierrette hat das Glas ein wenig von den Lippen entfernt, führt es wieder an den Mund.

Pierrot schlägt ihr das Glas verächtlich aus der Hand. Sinkt der Länge nach nieder hinter der Staffelei (so, daß er für einen etwa Eintretenden vorerst unsichtbar wäre).

Pierrette steht wie starr da.

Dann wirft sie sich vor Pierrot nieder, faßt ihn an, rüttelt ihn, küßt ihn. Alles vergeblich. Sie nimmt das Glas vom Boden wieder auf, weist es Pierrot.

Sieh nur her, ich will's ja tun.

Sie führt das Glas an die Lippen, merkt, daß es leer und zersplittert ist.

Sie steht auf, läuft im Zimmer hin und her, greift sich ratlos an den Kopf, fühlt den Myrtenkranz, zuckt zusammen.

Plötzlich glaubt sie ein Geräusch zu hören, eilt zum Fenster, kauert auf den Divan nieder.

Sie geht wieder nach vorn, zu Pierrot; schaut angstvoll auf ihn nieder.

Du lebst, nicht wahr du lebst? So antworte doch, Pierrot!

Sie beugt sich tiefer und immer tiefer zu ihm nieder, betrachtet ihn mit wachsendem Schauder, bis sie endlich begreift, daß er tot ist. Von Entsetzen gepackt, rennt sie zur Türe, reißt sie auf, stürzt davon.

Vorhang.

Die Musik leitet ohne Pause über zum zweiten Bild.

II. Bild.

Ein Festsaal. Im Hintergrund eine weite Flucht von Zimmern, die von vorn gesehen leicht ansteigt. Festliche Beleuchtung. Buffet links hinten, im vorderen Saal. Rechts Klavier und Pulte. Gewundene Stiegen laufen rechts und links zwischen dem ersten und zweiten Saal nach oben.

Erste Szene.

Hochzeitsgesellschaft.

Eine Anzahl von Paaren tanzt Walzer.

Ältere Damen und Herren sitzen an den Seitenwänden.

Zwei Diener hinter dem Buffet damit beschäftigt, Gästen Wein einzuschenken und Backwerk vorzuteilen.

Klavierspieler, Violinspieler und Klarinettist besorgen die Tanzmusik.

Pierrettens Vater und Pierrettens Mutter (kleine behagliche Leute) stehen am Buffet und bekomplimentieren die Gäste.

Arlechino (der Bräutigam Pierrettens, groß, hager, nicht mehr jung, Altwiener Kostüm, vollkommen schwarz, große weiße Blume im Knopfloch.) düster und erregt, steht mit verschränkten Armen rechts vorne und schaut dem Tanze zu.

Der Walzer endet.

Die Paare promenieren.

Vater und Mutter treten in die Mitte des Saales.

Junge Herren sprechen mit der Mutter.

Junge Damen mit dem Vater.

Gigolo der Tanzarrangeur, sehr jung, mit übertriebener Eleganz gekleidet, eilt geschäftig im Saale hin und her, bald beim Buffet, bald bei den Musikern, bald bei einzelnen Tänzerinnen und Tänzern.

Einige Paare zum Buffet.

Der Vater, gut aufgelegt, geleitet zwei junge Damen zum Buffet.

Zwei junge Mädchen treten zu Arlechino und sprechen lächelnd mit ihm.

Arlechinos Antlitz bleibt düster.

Einige Gäste stoßen mit Vater und Mutter an.

Der Vater kommt auf Arlechino zu, mit zwei gefüllten Gläsern, reicht ihm das eine.

Der Vater stößt mit Arlechino an, umarmt ihn dann.

Die Umstehenden spenden Beifall (nicht Händeklatschen).

Gigolo schlägt in die Hände, animiert die Herren, ihre Damen zu engagieren, geschäftig im Saale hin und her.

Die Paare stellen sich zu einer Quadrille bereit.

Gigolo zu Arlechino.

> Sie müssen auch mittanzen, Herr Arlechino, engagieren Sie doch Ihre Braut.

Arlechino nickt ernst, sieht sich im Saale um.

Die Quadrille beginnt.

Gigolo sieht, daß Arlechino noch allein ist, gebietet der Musik Einhalt.

Arlechino zu Gigolo.

> Sie sehen ja, Fräulein Pierrette ist noch nicht da. Jedenfalls verweilt sie auf ihrem Zimmer oben. Lassen Sie die Quadrille nur weiter gehen.

Gigolo.

> Keineswegs, das geht nicht.

Er eilt zur Mutter.

> Herr Arlechino ist ohne Dame, Fräulein Pierrette ist nicht da.

Mutter erstaunt, sieht sich im Saal um.

> Pierrette ist nicht da? Ach ja, ich weiß schon, sie ist auf ihrem Zimmer, kleidet sich an, macht sich für die Reise bereit.

Vater ist herzugetreten.

> So geh doch hinauf und hole sie.

Mutter rasch ab, rechts.

Gigolo gibt den Musikern ein Zeichen.

Die Musiker intonieren ein Menuett.

Die zur Quadrille gestellten Paare tanzen das Menuett.

Arlechino geht indeß rückwärts in der Flucht der Säle bis weit nach hinten, auf und ab.

Die Mutter kommt zurück, rasch zum Vater. Zieht ihn nach vorne.

Pierrette ist nicht oben.

Vater.

Du bist verrückt.

Mutter.

Ich versichere dich, sie ist nicht oben.

Vater.

Wie ist denn das möglich?

Arlechino steht plötzlich bei den beiden.

Wo ist Pierrette?

Mutter verlegen.

Sie wird gleich kommen.

Arlechino dringender.

Wo ist Pierrette?

Mutter verwirrt.

Ich weiß es nicht.

Arlechino faßt die Mutter am Arm.

Der Vater will ihm das verwehren.

Arlechino stampft auf den Boden.

Wo ist Pierrette?

Die Paare haben bemerkt, daß etwas vorgeht.

Die Tanzmusik hört auf zu spielen.

Ein Paar neben der Gruppe Arlechino, Vater, Mutter, merkt worum es sich handelt, teilt es dem nächsten Paare mit.

Ein Paar teilt es dem andern mit.

Die Aufregung ist groß, alle gruppieren sich um Arlechino, Vater und Mutter, die jetzt in der Mitte des Saales stehen.

Arlechino droht.

Ich werde fürchterliche Rache nehmen. Ich werde das Haus anzünden. Ich werde alle umbringen.

Gigolo tritt hinzu.

Gewiß ist das Haus noch nicht ordentlich durchsucht.

Zu den Mädchen.

Suchen Sie doch alle, suchen Sie doch überall.

Die jungen Mädchen entfernen sich nach den verschiedenen Seiten, einige über die Stiegen, laufen hin und her.

Die jungen Herren stehen in Gruppen beisammen.

Arlechino vorn, geht mit großen Schritten auf und ab.

Vater und Mutter, rechts, ziemlich hinten, machen einander Vorwürfe.

Die jungen Mädchen kommen nach und nach zurück.

Wir haben Pierrette nicht gefunden.

Arlechino wird rasend vor Wut. Zum Buffet, zerschlägt einige Gläser und Flaschen. Vollführt drohende Gebärden gegen Vater und Mutter. Geht zum Klavier, zertrümmert die Tasten, reißt den Musikern Violine und Klarinette aus der Hand, zerschmettert sie und wirft sie zu Boden. Dann eilt er durch die Zimmerflucht nach hinten.

Zweite Szene.

Wie Arlechino ganz rückwärts ist, tritt ihm Pierrette entgegen.

Arlechino faßt Pierrette bei der Hand, zieht sie nach vorne und bleibt in der Mitte stehen.

Die andern erstaunen.

Einige suchen näher zu treten.

Arlechino weist sie fort.

Vater und Mutter suchen näher zu treten.

Arlechino weist sie fort.

Arlechino und Pierrette mitten im Saal.

Die andern in gemessener Entfernung.

Arlechino zu Pierrette.

Wo bist du gewesen?

Pierrette.

In meinem Zimmer oben.

Arlechino.

Das ist nicht wahr.

Pierrette.

Ich bin spazieren gegangen, draußen im Garten.

Arlechino.

Du bist gesucht worden, du warst nicht im Hause und nicht im Garten.

Pierrette.

Ich kann nichts andres antworten. Komm, ich will tanzen.

Arlechino.

Nein, zuerst mußt du mir antworten.

Pierrette.

Ich will tanzen.

Arlechino.

Zuerst antworte!

Vater, Mutter, Gigolo, junge Mädchen, treten näher, versuchen Arlechino zu begütigen.

Arlechino hört nicht auf sie.

Gigolo gibt den Musikern ein Zeichen.

Die Musiker verweisen verzweifelt auf ihre ruinierten Instrumente.

Gigolo.

Das macht nichts, spielt nur, es wird schon gehen.

Die Musiker beginnen zu spielen. Schnellpolka.

Die Instrumente klingen schauerlich.

Gigolo tritt in die Mitte des Saales.

Tanzen, tanzen.

Pierrette auf Arlechino zu, mit verzweifelt bacchantischer Geste. Schmiegt sich näher an ihn heran.

Arlechino betrachtet sie lang, umfaßt sie, tanzt mit ihr.

Alles scheint wieder geordnet.

Plötzlich sieht man von hinten, nur für Pierrette sichtbar, sehr langsam den toten Pierrot kommen.

Pierrette hält im Tanzen inne, weist entsetzt auf den näher schreitenden Pierrot.

Die andern wissen nicht, was Pierrette ist.

Pierrot schreitet mitten durch den Saal, bleibt vor Pierrette stehen und zerfließt in nichts.

Pierrette weist die Erscheinung als Traumbild von sich, erholt sich.

Die andern beginnen wieder zu tanzen.

Pierrette geht mit Arlechino zum Buffet. Verlangt vom Diener etwas zu trinken.

Plötzlich steht statt des Dieners der tote Pierrot hinter dem Buffet. Schenkt der Pierrette ein Glas Wein ein.

Pierrette taumelt zurück, rast wie eine Verfolgte zum Klavier hin.

Arlechino ihr nach.

Der tote Pierrot verschwindet.

Arlechino.

Was hast du? Was ist dir?

Pierrette.

Nichts, nichts. Es geht schon wieder vorüber.

Sie schauert und will sich verhüllen.

Arlechino plötzlich merkend.

Elende ...

Die Tanzmusik hört auf.

Arlechino.

Wo ist dein Schleier Pierrette?

Pierrette greift sich an Haupt und Schultern.

Arlechino.

Wo ist dein Schleier?

Pierrette.

Ich weiß nicht.

Arlechino.

Während du fort warst, ist dir dieser Schleier verloren gegangen. Wo ist der Schleier? Wo warst du?

Pierrette.

Laß mich doch.

Arlechino.

Du mußt dir deinen Schleier zurückholen.

Pierrette.

Ich weiß nicht wo er ist.

In diesem Augenblick erscheint der tote Pierrot mit dem Schleier in der Hand im Hintergrunde und kommt nur wenig nach vorn. Bleibt am Ende des Saales stehen.

Pierrette eilt dem toten Pierrot entgegen.

Arlechino ihr nach, faßt sie bei der Hand.

Der tote Pierrot mit dem Schleier entfernt sich wieder.

Pierrette sucht den Schleier zu erhaschen.

Arlechino hält sie ununterbrochen bei der Hand.

Pierrot mit dem Schleier entschwindet.

Pierrette dem Scheinbilde nach.

Arlechino immer mit ihr.

Einige junge Herren wollen nach.

Arlechino wendet sich um und verbietet, daß man ihnen folge.

Vorhang.

Die Musik leitet ohne Pause über zum dritten Bild.

III. Bild.

Dekoration des ersten.

Erste Szene.

Pierrot liegt tot hingestreckt auf dem Boden, hinter der Staffelei.

Der Schleier liegt in der Mitte des dunkeln Zimmers, weiß schimmernd da. Die Kerzen größtenteils herabgebrannt, einige ganz erloschen.

Die Szene bleibt einige Augenblicke vollkommen leer.

Die Türe öffnet sich.

Arlechino und Pierrette treten ein.

Arlechino hält Pierrette bei der Hand.

Pierrette eilt zu dem Schleier hin, beugt sich herab, hält ihn hoch.

> Da ist er. Nun laß uns gehen.

Arlechino.

> Nein. Wo bin ich hier?

Er geht im Zimmer hin und her.

Bald steht er vor der Leiche Pierrots, fährt zurück, hält aber Pierrot nicht für tot, sondern für betrunken. Wendet sich zu Pierrette.

> Also das war es? Mit diesem Menschen warst du zusammen?

Er gewahrt die Reste des Mahls.

> Hier habt Ihr miteinander getafelt und getrunken. Hier hat er dich in den Armen gehalten. Wartet nur.

Wieder zu Pierrot hin.

Pierrette auf ihn zu, will ihn zurückhalten.

Arlechino schleudert sie von sich.

Pierrette schleicht sich zum Fenster.

Arlechino kniet vor Pierrot nieder.

> Du Schurke, du Hund. Wer bist du denn? Antworte! Antworte! Steh auf!

Er faßt Pierrot bei den Schultern und schüttelt ihn.

Der tote Pierrot fällt schwer auf den Boden hin.

Arlechino fährt entsetzt zurück.

Er geht zu Pierrette, die regungslos am Fenster steht.

Hast du's gewußt?

Pierrette.

Ja.

Arlechino geht überlegend auf und ab. Kehrt wieder zu Pierrette zurück, sieht sie lange an.

Was soll ich mit dir tun?

Kommt auf einen Einfall, lacht höhnisch auf. Tritt wieder zu dem toten Pierrot hin, will ihn emporheben.

Pierrette eilt entsetzt nach vorne.

Arlechino weist sie von sich, ergreift den Leichnam des Pierrot, trägt ihn zu dem Divan, lehnt ihn dort in die vordere Ecke.

Pierrette ist entsetzt bis ans Ende des Zimmers geschlichen und schaut dem Beginnen des Arlechino zu.

Arlechino setzt sich auf den Tisch dem Pierrot gegenüber. Schenkt in zwei Gläser ein, erhebt das eine, trinkt dem Pierrot zu. Dann winkt er Pierrette mit einem teuflischen Lächeln herbei.

Pierrette bleibt regungslos stehen.

Arlechino erhebt sich, winkt Pierrette gebieterisch.

Pierrette kommt langsam.

Arlechino geht ihr entgegen, reicht ihr in der Mitte des Zimmers den Arm, geleitet sie zu einem Sessel neben dem Tische, gibt ihr eins der gefüllten Gläser in die Hand, stößt mit ihr an.

Pierrette kann nicht trinken.

Arlechino.

So trink doch.

Pierrette trinkt.

Arlechino setzt sich neben Pierrette, drängt sich näher an sie, umfaßt sie, sucht sie an sich zu ziehen.

Pierrette schaudert zusammen.

Arlechino wird zärtlicher.

Pierrette springt auf, ihr Sessel fällt um, sie flüchtet nach rückwärts in die Fensterecke.

Arlechino ihr nach, spielt den Verliebten.

Ich bete dich an, meine Teure.

Kniet nieder, versucht sie an sich und mit sich zu ziehen.

Pierrette entflieht, bis sie links hinter den toten Pierrot zu stehen kommt.

Arlechino hat sich erhoben, geht auf Pierrot zu, verbeugt sich vor ihm, dann verbeugt er sich vor Pierrette.

Du bist ja in guter Gesellschaft.

Dann geht er zur Tür.

Pierrette folgt seinen Bewegungen mit wachsendem Entsetzen.

Arlechino wendet sich in der Türe nochmals um und verbeugt sich höhnisch.

Pierrette stürzt ihm nach, wirft sich vor ihm auf die Knie.

Arlechino schüttelt sie von sich ab, geht und versperrt die Türe hinter sich.

Zweite Szene.

Pierrette poltert an die Tür. Eilt zum Fenster, reißt es auf. Sieht Arlechino fortgehen, ruft ihn zurück. Er entschwindet ihren Blicken. Wieder zur Tür, rüttelt, reißt, vergeblich. Rennt im Zimmer umher, sucht nach irgend einem Ausgang. Findet keinen. Endlich bleibt sie wieder gegenüber dem toten Pierrot stehen. Sieht ihn lange an, läuft davon. Kommt wieder zurück. Nickt ihm zu. Gerät von neuem in Angst, schleicht längs der Wände im ganzen Zimmer hin und her. Ihre Bewegungen verändern sich ins Tanzartige. In ihren Augen spricht sich der beginnende Wahnsinn aus. Wieder ist sie hinter Pierrot, schleicht sich langsam hinter dem Divan zu ihm hervor. Sie ist in einer halb knienden Stellung vor ihm und blickt ihm ins Gesicht. Verbeugt sich vor ihm. Beginnt zu tanzen. Zuerst vor ihm, dann in immer weiterem Bogen, endlich im ganzen Zimmer herum. Sie hält inne, um dann mit erneuerter Kraft wieder weiter zu tanzen.

Poltern an der Türe.

Pierrette ist beinahe atemlos, ihre Kräfte beginnen zu schwinden, ihre Augen glänzen trübe, sie ist dem Verlöschen nahe.

Neues, verstärktes Poltern.

Pierrette sinkt zu Boden, tot. Zu Füßen des toten Pierrot.

Die Türe wird erbrochen.

Dritte Szene.

Fred, Florestan, Annette, Alumette treten ein.

Der Morgen ist herangedämmert. Beginnender Sonnenaufgang.

Fred und Florestan wenden sich lachend zu den Mädchen. Beide Paare tänzeln Arm in Arm bis ganz nahe zu Pierrot und Pierrette hin, fassen was geschehen ist und weichen entsetzt zurück.

Vorhang.

Ende.

Printed at Repro India Ltd.